EMG3-0097
合唱楽譜<J-POP>
J-POP
CHORUS PIECE

合唱で歌いたい！ J-POPコーラスピース

混声3部合唱

瑠璃色の地球

（松田聖子）

作詞：松本 隆　作曲：平井夏美　合唱編曲：田中達也

JN149852

●●● 演奏のポイント ●●●

♪全体はおおらかに、ひとつひとつの言葉を大事にしながら歌いましょう。[A]冒頭から16小節目までは、楽譜の例にとらわれず、いろいろな組み合わせでの歌い方を考えてみましょう。

♪サビの「あーさひーが」など、16ビートで引っかかるところ（シンコペーション）は、「1, 2, 3, 4…」と数えるよりも「1と、2と、3と、4と」と裏拍の動きを感じられるようにしましょう。

♪[A]・[B]のピアノ右手はメロディーに寄り添うつもりで弾きましょう。12、20、23小節目はキラッと弾けるとカッコ良くなります。

【この楽譜は、旧商品『瑠璃色の地球（混声3部合唱）』（品番：EME-C3054）とアレンジ内容に変更はありません。】

ELEVATO
MUSIC ENTERTAINMENT

瑠璃色の地球

作詞:松本 隆　作曲:平井夏美　合唱編曲:田中達也

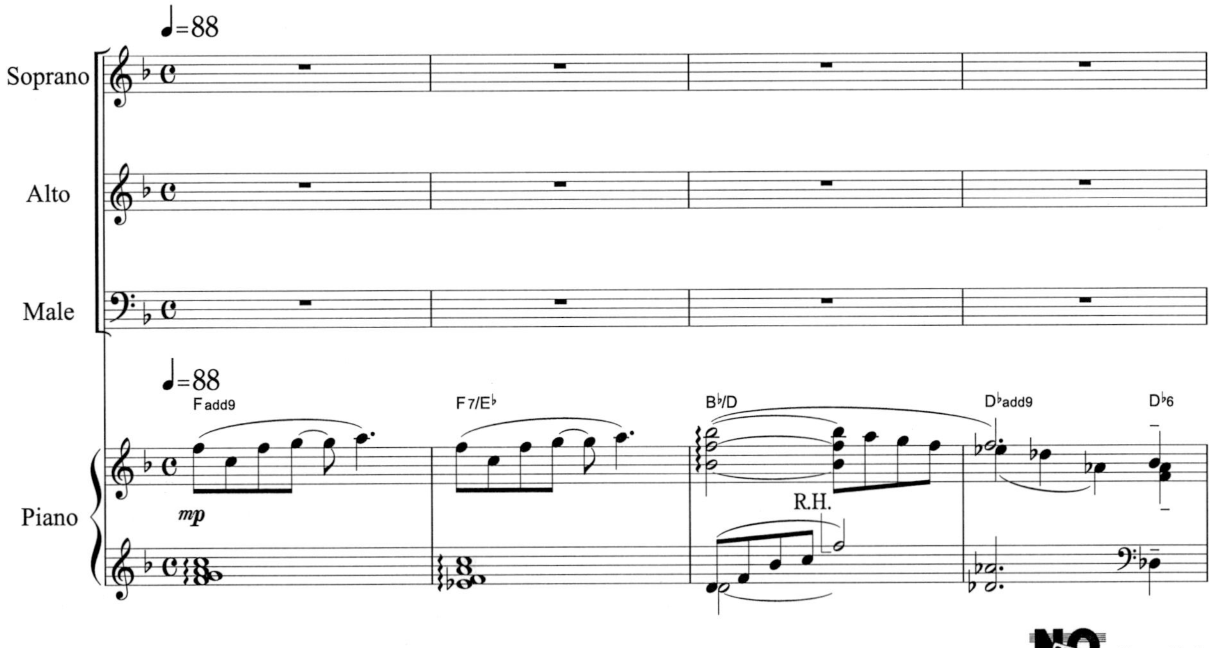

5
mp
mf
Lu lu lu (またはHum.)
Lu lu lu (またはHum.)
Lu lu lu (またはHum.)
Fadd9
F7/E♭
B♭/D
C7
A
9
よ あけー の こ な い よ る はなー い さ あ なたー が ポ ツ リ い う
な きがー お が ほ ほ え み にかー わ る しゅ んかー ん の な み だ を
よ あけー の こ な い よ る はなー い さ あ なたー が ポ ツ リ い う
な きがー お が ほ ほ え み にかー わ る しゅ んかー ん の な み だ を
よ あけー の こ な い よ る はなー い さ あ なたー が ポ ツ リ い う
な きがー お が ほ ほ え み にかー わ る しゅ んかー ん の な み だ を
F
Em7(♭5)
A7
Dm
Dm7/C
Bm7(♭5)
13
と うだー い の た つ み さ き で く ら い ー う み を み ていた
せ かいー じゅ う の ひ と た ち に そ ーっ と ー わ け て あ げたい
と うだー い の た つ み さ き で く ら い ー う み を み ていた
せ かいー じゅ う の ひ と た ち に そ ーっ と ー わ け て あ げたい
と うだー い の た つ み さ き で く ら い ー う み を み ていた
せ かいー じゅ う の ひ と た ち に そ ーっ と ー わ け て あ げたい
Gm/B♭
C7/B♭
F/A
Gm7
F/C
C

17
B
Uh Uh La la la
なやんーだひもある かなしーみに くじけーそうなときも
あらそーってきずつけ あーったり ひとはーよわいものね
なやんーだひもある かなしーみに くじけーそうなときも
あらそーってきずつけ あーったり ひとはーよわいものね
B
F Em7(♭5) A7 Dm Dm7/C Bm7(♭5)
21
la la la la
いーたから いきて こられ
ちーからも きっと あるは
あなたーがそこにいたから いきて こられ
だけどーあいするちからも きっと あるは
あなたーがそこにいたから いきて こられ
だけどーあいするちからも きっと あるは
Gm/B♭ C7/B♭ F/A Dm7 G7/B B♭/C
dim.
25
C
mf
た あさひーがすいへいせんから ひかりのやをはなん
ず ガラスーのうみのむこうには ひろがりゆくぎん
た あさひーがすいへいせんから ひかりのやをはなん
ず ガラスーのうみのむこうには ひろがりゆくぎん
た あさひーがすいへいせんから ひかりのやをはなん
ず ガラスーのうみのむこうには ひろがりゆくぎん
C
C
F Gm7/F Em7(♭5) A7
mf

29
ち ふ たりー を つ つ ん で ゆ く の る り い ろ の ち きゅ う
が ち きゅうー と い う な の ふ ね の だ れ も が た び び と
ち ふ たりー を つ つ ん で ゆ く の る り い ろ の ち きゅ う
が ち きゅうー と い う な の ふ ね の だ れ も が た び び と
ち ふ たりー を つ つ ん で ゆ く の る り い ろ の ち きゅ う
が ち きゅうー と い う な の ふ ね の だ れ も が た び び と
Dm D7 Gm Gm/C C7
33
1. 2.
1. 2.
F F7/E♭ B♭/D C7 F C/E
mp mf mp
38 D
mf
ひ と つ し か な い わ た し た ち の ほ し を ま も り た い
rit.
mf
ひ と つ し か な い わ た し た ち の ほ し を ま も り た い
mf
ひ と つ し か な い わ た し た ち の ほ し を ま も り た い
D
Am7(♭5)/E♭ D7 Gm Gm7/F E7 Am Dm7 Gm7 C7
rit.
mf

42
accel.
E
a tempo
p
f
あ さひー が す い へ い せ んから
Am/D D7
G
Am7/G
mf
46
ひ か り の や を は な ち
ふ たりー を つ つ ん で ゆ く の る
F♯m7(♭5) B7 Em E7 Am
50
F
più f
り い ろ の ち きゅ う ー
あ さひー が す い へ い せ んから
Am7/D D7 G Am7/D D7
G
Am7/G

54
ひかりのやをはなち　ふたりーをつつんでゆくのる
ひかりのやをはなち　ふたりーをつつんでゆくのる
ひかりのやをはなち　ふたりーをつつんでゆくのる
F#m7(♭5)　B7　Em　E7　Am
58
p
りいろのちきゅうー　る　りいろのちきゅうー
りいろのちきゅうー　る　りいろのちきゅうー
りいろのちきゅうー　る　りいろのちきゅうー
Am7/D　D7　G　G7　Am7　D7　Gadd9
p
mp
62
rit.
rit.
G7/F　C/E　E♭　A♭9　GM7
pp

瑠璃色の地球（松田聖子）

作詞：松本 隆

夜明けの来ない夜は無いさ
あなたがポツリ言う
燈台の立つ岬で
暗い海を見ていた

悩んだ日もある 哀しみに
くじけそうな時も
あなたがそこにいたから
生きて来られた

朝陽が水平線から
光の矢を放ち
二人を包んでゆくの
瑠璃色の地球

泣き顔が微笑みに変わる
瞬間の涙を
世界中の人たちに
そっとわけてあげたい

争って傷つけあったり
人は弱いものね
だけど愛する力も
きっとあるはず

ガラスの海の向こうには
広がりゆく銀河
地球という名の船の
誰もが旅人

ひとつしかない
私たちの星を守りたい

朝陽が水平線から
光の矢を放ち
二人を包んでゆくの
瑠璃色の地球
瑠璃色の地球

MEMO

MEMO

ELEVATO
MUSIC ENTERTAINMENT
エレヴァートミュージックエンターテイメントはウィンズスコアが
展開する「合唱楽譜・器楽系楽譜」を中心とした専門レーベルです。

ご注文について

エレヴァートミュージックエンターテイメントの商品は全国の楽器店、ならびに書店にてお求めになれますが、店頭でのご購入が困難な場合、下記PC&モバイルサイト・FAX・電話からのご注文で、直接ご購入が可能です。

◎PCサイト&モバイルサイトでのご注文方法

http://elevato-music.com

上記のアドレスへアクセスし、WEBショップにてご注文ください。

◎FAXでのご注文方法

FAX.03-6809-0594

24時間、ご注文を承ります。上記PCサイトよりFAXご注文用紙をダウンロードし、
印刷、ご記入の上ご送信ください。

◎お電話でのご注文方法

TEL.0120-713-771

営業時間内に電話いただければ、電話にてご注文を承ります。